LE
SONGE DE LOUIS IX

OU LE

DÉPART POUR LES CROISADES

Par Pierre DUMAS,

DE DUNKERQUE.

Ego vox clamantis in Deserto
Parate viam Domini.

Je suis la voix du Désert qui crie :
Préparez la voix du Seigneur.

DUNKERQUE.
TYPOGRAPHIE Ve BENJAMIN KIEN, RUE NATIONALE, 26.

1865.

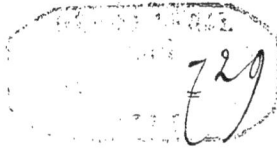

LE SONGE DE LOUIS IX

OU

LE DÉPART POUR LES CROISADES.

C.

LE
SONGE DE LOUIS IX

OU LE

DÉPART POUR LES CROISADES

Par Pierre DUMAS,

DE DUNKERQUE.

———

Ego vox clamantis in Deserto
Parate viam Domini.

Je suis la voix du Désert qui crie :
Préparez la voix du Seigneur.

DUNKERQUE.

TYPOGRAPHIE Vᵉ BENJAMIN KIEN, RUE NATIONALE, 26.

———

1865.

Au mois de Décembre 1244, la croisade fut décidée.

Louis IX s'embarqua le 25 Août 1248, et toute la flotte se dirigea vers Chypre où régnait Henry de Lusignan, descendant des rois de Jérusalem.

Personnages de la suite du roi.

Robert, comte d'Artois, mort à Mansoura.

Charles, comte d'Anjou, roi de Sicile.

Pierre de Dreux, comte de Bretagne.

Hugues, duc de Bourgogne.

Le seigneur de Beaujeu, connétable de France.

Jean de Beaumont, grand amiral et grand chambellan.

Hugues de Chatillon, Hugues de St-Paul, les comtes de Dreux, de Bar, de Soissons, de Blois, de Rhétel, de Montfort et de Vendôme, Philippe de Courtenay, Gayon de Flandres, Archambaut de Bourbon, Jean de Barres, Gilles de Mailly, Robert de Béthune, Olivier de Termes, le jeune Raoul de Coucy, et le sire de Joinville (historien).

Le Poëte place les notes historiques en tête de l'ouvrage : le lecteur pourra plus facilement s'identifier avec le sujet.

(1) La Reine Blanche envoya son aumônier à Eudes Clément, abbé de St-Denis, afin qu'il tirât de leurs caveaux les corps des bienheureux martyrs. Exposition qui ne se faisait que dans les grandes calamités publiques.

---

(2) Deux dames restèrent seules dans la chambre du Roi, priant de chaque côté de son lit. Bientôt l'une d'elles ayant fini sa prière, se leva et voulut couvrir le visage du Roi d'un linceul; mais l'autre dame s'y opposa.

---

(3) « La lumière de l'Orient s'est répandue sur moi par » la grâce du Seigneur, et m'a rappelé d'entre les morts. »

(Paroles de Louis IX).

---

(4) Le Sultan.

(5) Mahomet.

(6) « Soyez humbles comme il convient a des soldats du » Christ. »

(Paroles de Louis IX.)

---

(7) Odon de Châteauroux, cardinal évêque de tusculum dit au Roi, que le vœu qu'il avait fait pendant sa maladie, était un vœu précipité, et qu'il se chargeait d'obtenir une dispense du Pape.

(8) La voix de l'ange lui dit la Reine; c'était celle du délire et de la fièvre.

------

(9) « Je vous demande la croix que je viens de vous ren-dre ; et Dieu m'est témoin que je ne prendrai pas de nourri-ture, qu'à votre tour vous ne me l'ayez rendue. »

(Paroles de Louis IX).

------

(10) Sion, montagne de Jérusalem, sur laquelle le temple du Seigneur fut bâti par Salomon, et où David bâtit la cité qui porte son nom.

------

(11) Oriflamme, du latin aurum, or, flamma, flamme, célèbre bannière de l'abbaye de St-Denis.

LA CHAMBRE DU ROI.

Le Roi est couché sur son lit de camp, deux dames d'honneur sont assises au chevet de son lit ; la Reine Blanche et tous les seigneurs de la cour sont en prières.

CHOEUR.

Pour notre Roi Louis neuvième,
Le soutien de l'autel ;
Français, en ce moment suprême,
Invoquons l'Éternel !
En foule de vos catacombes,
Bienheureux martyrs de la foi
Sortez de vos muettes tombes ; (1)
Rendez la vie à notre Roi !
Vaine espérance !
La Providence
Suspend le cours,
De ses beaux jours.
La mort s'avance,
Et le Seigneur rappelle à lui,
Du royaume des lys, le plus solide appui !

PREMIÈRE DAME.

J'ai fini ma prière,

Et le linceul est prêt.

Louis, avec regret,

Je vais voiler les traits de ta face guerrière. (2)

DEUXIÈME DAME.

De la mort il sera vainqueur.

Dans son immuable justice,

Dieu, repousse ce sacrifice,

Car c'est frapper la France au cœur.

CHOEUR.

Devant le tabernacle,

Prêtres, guerriers prions.

Que Dieu fasse un miracle,

Et nous le bénirons !

PRIÈRE.

O toi dont la haute sagesse,

S'étend sur l'univers.

Et dont la foudre vengeresse,

Punit tous les pervers.

Conduis nos preux à la victoire,

Pour notre Roi nous t'implorons.

De notre antique gloire,

Ranime les rayons!

LOUIS IX (*il sort d'un sommeil léthargique.*

Cessez vos chants funèbres,

Car du sein des ténèbres,

J'ai vu briller au loin l'étoile d'Orient. (3)

Viens réchauffer mon cœur astre vivifiant!

Le Seigneur est pour nous, bannissez vos alarmes,

Nous allons porter haut l'honneur du pavillon,

Amis ne pleurez plus... chacune de vos larmes

Laisse au fond de mon cœur un douloureux sillon!

Aux armes! d'un faux culte ô toi le tributaire, (4)

D'un prophète menteur (5) l'indigne favori,

Esclave de l'erreur... ton nom sera flétri!

La France par ma voix réclame le calvaire!

CHOEUR.

La victoire sera le prix,

Du saint zèle qui nous enflamme.

En déployant notre oriflamme,

Crions! Montjoie et Saint-Denis!

LOUIS IX.

De nos rudes combats, la palme est en Asie,

Couronnés de lauriers,

Soyez humbles guerriers. (6)

L'orgueil est le chemin qui mène à l'hérésie.

Saisi d'un saint effroi,

Quand les voix de la terre,

N'arrivaient plus a moi,

Je faisais ma prière.

O divine faveur !

Soudain fendant la nue,

Un ange du Seigneur

Apparut à ma vue.

« Je conduirai tes pas :

» Lève-toi Roi de France,

› Car le Dieu des combats,

› Réclame ta présence.

» Sois l'âme des croisés !

» Vas droit aux mécréants, que ton bras les disperse,

» Comme un chêne orgueilleux que la foudre renverse,

» Sur ses rameaux brisés ! »

Je suivrai ses conseils, votre Roi vous l'atteste.

Cette divine voix, je crois l'entendre encor....

Lorsque je m'éveillai, la vision céleste

Montait vers l'Éternel dans un nuage d'or !

CHOEUR.

Jurons la mort de l'infidèle,

Combattons soldats de la foi.

C'est le Seigneur qui nous appelle,
Obéissons à notre Roi !
Partons au lever de l'aurore.

MORCEAU D'ENSEMBLE.

LA REINE (*au Cardinal.*)

Je n'ai d'espoir qu'en vous,
Vous que mon fils honore ;
Mon père à vos genoux,
La Reine vous implore !
Qu'il reste dans ce lieu :
Partir serait démence,
D'un fils l'obéissance,
Est agréable à Dieu !

LE CARDINAL (*au Roi*). (7)

Remettez ce voyage :
Un vœu précipité,
A rien ne vous engage,
La sainte autorité
Du Pape vous dégage.

LE ROI.

Mon père, je n'ai pas le choix.
L'honneur défend d'être parjure !

Je veux porter sur mon armure,
Le signe sacré de la croix !

LA REINE.

Dieu, n'exige pas l'impossible.

LE ROI.

Roi, Je dois conserver l'honneur de mon blason !

LA REINE.

Dans ce serment, et c'est visible,
Le délire, mon fils, troublait votre raison. (8)

LOUIS IX (après un silence).

Quand je pris du Sauveur,
L'image révérée,
J'avais, pauvre pécheur,
La raison égarée ?
A tous je dis merci :
Soit, prenez là ma mère.
Cette croix qui m'est chère,
Je la rends : La voici !

(Aux Barons.)

Je n'ai ni fièvre, ni délire,
La France réclame mes soins.

Je puis gouverner mon Empire,

Barons, je vous prends à témoins!

A tous je veux me faire entendre.

Cette croix que je viens de rendre,

Ce dont je suis très-repentant.;

Je la redemande à l'instant. (9)

Ou désormais je vous le jure,

Je ne prendrai de nourriture.

Que la croix de mon Rédempteur,

Ne soit replacé sur mon cœur !

LA REINE (avec âme).

Je fais taire mon fils ma terreur maternelle,

Soldat du Christ ! partez et soyez digne d'elle!

(Elle lui rend la croix.

CHOEUR.

En son courage ayons tous foi,

Noël ! Noël pour notre Roi.

LOUIS IX.

Vous que mon cœur révère,

Mon idole après Dieu,

Dans ce suprême adieu

Bénissez-moi, ma mère!

LA REINE.

Tenez votre serment,
Partez, ô Roi de France,
Vous, de la Providence,
Le docile instrument.
Une double couronne
Vous attend dans Sion (10),
Votre mère vous donne,
Sa bénédiction !

LE ROI.

Je tiendrai mon serment,
Je pars plein d'espérance,
Car de la Providence,
Je deviens l'instrument.
Une double couronne
Doit m'attendre à Sion,
Et ma mère me donne
Sa bénédiction !

LE CARDINAL ET LE CHOEUR.

Tenez votre serment,
Partez, ô Roi de France !
Vous, de la Providence,
Le docile instrument.
Une double couronne
Vous attend dans Sion,
Votre mère vous donne
Sa bénédiction !

LOUIS IX.

Et vous, vaillants guerriers qu'un noble exemple enflamme,
Aux murs de Saint-Denis déployons l'oriflamme ! (11)

Symbole de l'honneur, le drapeau de la croix
Reverra l'Orient pour la troisième fois.
Quand nous pénètrerons dans la cité sacrée,
Portez bien haut le bois de sa hampe dorée.
Je la confie à tous : vous, le soutien des lys,
Ne l'abandonnez pas... et mourez dans ses plis !
Un grand cœur n'est jamais accessible à la crainte,
Nous devons triompher, car notre cause est sainte !
La main de l'Eternel doit nous suivre partout,
Mais si nous succombons, la croix reste debout !
Nous planterons, ayant cet appui tutélaire,
L'oriflamme de France au sommet du Calvaire !

    Au milieu de la majesté,
    De ses demeures éternelles,
Dont notre faible esprit sonde l'immensité,
    Dieu verra dans la chrétienté
    Les sectes se détruire entr'elles,
    Pour remonter à l'unité !

FINAL.

PRIÈRE.

Vierge Marie !
Sur la patrie,
Du haut des cieux,
Etends une main protectrice,

Sois-nous toujours propice,

Au nom de ton fils Glorieux!

Que dans sa sagesse profonde,

Il juge ce peuple insoumis,

Qu'il éclaire nos ennemis,

Lui le législateur du monde!

www.ingramcontent.com/pod-product-compliance
Lightning Source LLC
Chambersburg PA
CBHW050452210326
41520CB00019B/6174